铁路安全监督检查指导手册——特种设备

《铁路安全监督检查指导手册——特种设备》编写组　编

中国铁道出版社有限公司

2 0 2 3 年·北　京

图书在版编目(CIP)数据

铁路安全监督检查指导手册. 特种设备/《铁路安全监督检查指导手册——特种设备》编写组编. —北京:中国铁道出版社有限公司,2023.7 (2023.12重印)
ISBN 978-7-113-30378-5

Ⅰ.①铁… Ⅱ.①铁… Ⅲ.①铁路工程-设备安全-安全管理-监督管理-手册 Ⅳ.①U298-62

中国国家版本馆CIP数据核字(2023)第126217号

书　　名:铁路安全监督检查指导手册——特种设备
TIELU ANQUAN JIANDU JIANCHA ZHIDAO SHOUCE:TEZHONG SHEBEI
作　　者:《铁路安全监督检查指导手册——特种设备》编写组

策　　划:律清涛
责任编辑:秦绪涛　　**编辑部电话**:(010)51873024
封面设计:高博越
责任校对:刘　畅
责任印制:赵星辰

出版发行:中国铁道出版社有限公司(100054,北京市西城区右安门西街8号)
网　　址:http://www.tdpress.com
印　　刷:北京联兴盛业印刷股份有限公司
版　　次:2023年7月第1版　2023年12月第3次印刷
开　　本:880 mm×1 230 mm 1/32　**印张**:1.75　**字数**:45千
书　　号:ISBN 978-7-113-30378-5
定　　价:15.00元

编 写 组

李达群　袁日东　曾和平　张卫军

许结龙　张　力　梁　强　刘　岩

卢润初　刘道才　陈柏涛　孙刚明

王　崇　刘敬辉　李秋芬　戴贤春

韩佳英

目　　录

一、基础管理

序号	检查项目	检查内容及标准	检查方法
1	特种设备安全机构设置和人员配备	1. 铁路局集团公司应明确特种设备安全监督管理机构，明确一名负责人分管特种设备安全工作。 2. 铁路局集团公司专业部门应有一名负责人分管特种设备安全工作，明确特种设备安全管理人员。其中，铁路局集团公司乘客电梯管理部门应配置乘客电梯专职管理人员，取得相应资格。 3. 特种设备使用单位应按规定明确特种设备安全管理机构，配备特种设备安全管理负责人和安全管理员，并按规定取得相应的安全管理人员资格。 4. 铁路局集团公司、站段要明确特种设备管理机构（部门）、安全管理人员及相关作业人员的特种设备安全管理职责，并制定相应工作标准和工作流程	查阅资料
2	安全生产会议制度	铁路局集团公司、站段安全生产委员会会议和安全生产分析会要对特种设备安全工作进行布置，对关键性和倾向性问题进行专题分析，排查整治隐患，研判管控风险	查阅资料

续上表

序号	检查项目	检查内容及标准	检查方法
3	国家法律法规标准	特种设备使用单位应根据配备使用的特种设备,至少具备如下国家法规和标准: 1.《中华人民共和国特种设备安全法》(中华人民共和国主席令第4号) 2.《特种设备安全监察条例》(中华人民共和国国务院令第549号) 3.《特种设备目录》(国质检总局公告2014年第114号) 4.《特种设备作业人员监督管理办法》(国质检总局令第140号) 5.《特种设备作业人员考核规则》(TSG Z6001) 6.《特种设备事故报告和调查处理规定》(国家市场监督管理总局令第50号) 7.《特种设备安全监督检查办法》(国家市场监督管理总局令第57号) 8.《特种设备使用管理规则》(简称《使用管理规则》)(TSG 08) 9.《锅炉安全技术规程》(TSG 11) 10.《锅炉房设计标准》(GB 50041) 11.《锅炉安装工程施工及验收标准》(GB 50273) 12.《工业锅炉水质》(GB/T 1576) 13.《锅炉节能环保技术规程》(TSG 91) 14.《固定式压力容器安全技术监察规程》(简称《固容规》)(TSG 21)	查阅资料

续上表

序号	检查项目	检查内容及标准	检查方法
3	国家法律法规标准	15.《移动式压力容器安全技术监察规程》(TSG R0005) 16.《气瓶安全技术规程》(TSG 23) 17.《安全阀安全技术监察规程》(TSG ZF001) 18.《电梯制造与安装安全规范　第1部分:乘客电梯和载货电梯》(GB/T 7588.1—2020) 19.《电梯制造与安装安全规范　第2部分:电梯部件的设计原则、计算和检验》(GB/T 7588.2—2020) 20.《电梯安装验收规范》(GB/T 10060) 21.《电梯维护保养规则》(TSG T5002) 22.《自动扶梯和自动人行道的制造与安装安全规范》(GB 16899) 23.《电梯监督检验和定期检验规则》(TSC T7001) 24.《电梯、自动扶梯和自动人行道乘用图形标志及其使用导则》(GB/T 31200—2014) 25.《电梯、自动扶梯和自动人行道运行服务规范》(GB/T 34146—2017) 26.《起重机械安全规程　第1部分:总则》(GB/T 6067.1—2010) 27.《起重机械安全规程　第5部分:桥式和门式起重机》(GB/T 6067.5—2014)	查阅资料

续上表

序号	检查项目	检查内容及标准	检查方法
3	国家法律法规标准	28.《起重机械安全技术监察规程—桥式起重机》(TSG Q0002) 29.《起重机械定期检验规则》(TSG Q7015) 30.《起重机械安装改造重大修理监督检验规则》(TSG Q7016) 31.《起重机钢丝绳保养、维护、检验和报废》(GB/T 5972) 32.《场(厂)内专用机动车辆安全技术规程》(TSG 81) 33.《压力管道安全技术监察规程—工业管道》(TSG D0001) 34.《压力管道定期检验规则—工业管道》(TSG D7005) 35.《气瓶搬运、装卸、储存和使用安全规定》(GB/T 34525)	查阅资料
4	制度管理	特种设备使用单位管理制度至少包括以下内容: 1. 特种设备安全管理机构(需要设置时)和相关人员岗位职责; 2. 特种设备经常性维护保养、定期自行检查和有关记录制度; 3. 特种设备使用登记、定期检验、锅炉能效测试申请实施管理制度; 4. 特种设备隐患排查治理制度; 5. 特种设备安全管理人员与作业人员管理和培训制度;	查阅资料

续上表

序号	检查项目	检查内容及标准	检查方法
4	制度管理	6. 特种设备采购、安装、改造、修理、报废等管理制度； 7. 特种设备应急救援管理制度； 8. 特种设备事故报告和处理制度； 9. 高耗能特种设备节能管理制度； 10. 特种设备操作规程； 11. 特种设备事故应急专项预案。(《使用管理规则》2. 12. 1)	查阅资料
5	人员管理	1. 特种设备安全管理人员、现场作业人员应取得相应资格的特种设备资格证书，持证上岗。 2. 特种设备安全管理人员、作业人员数量与设备数量、特性相匹配，持证项目应与所操作的设备类别相适应。 3. 特种设备使用单位应建立特种设备安全管理人员和作业人员台账(《使用管理规则》2. 2(3))，定期组织安全管理人员、现场作业人员进行安全教育和适应性培训，并做好记录。 4. 特种设备安全管理人员、作业人员应熟练掌握专业知识，满足实际工作需要	1. 查阅资料； 2. 现场检查
6	使用登记及检验	1. 特种设备应在投入使用前或者投入使用后30日内办理使用登记，整机出厂的特种设备应在投入使用前办理，流动作业的特种设备应向产权单位所在地的登记机关办理。(《使用管理规则》3. 1)	1. 查阅资料； 2. 现场检查

续上表

序号	检查项目	检查内容及标准	检查方法
6	使用登记及检验	2. 特种设备改造、移装、变更使用单位或使用单位更名、到达设计使用年限继续使用的应办理变更登记。(《使用管理规则》3.8) 3. 特种设备拟停用1年以上,使用单位应当采取有效保护措施,并设置停用标志,在停用后30日内办理停用手续,重新启用前办理启用手续。(《使用管理规则》3.9) 4. 特种设备使用标志应置于特种设备的显著位置。 5. 应按规定制定定期检验计划,申请定期检验。 6. 特种设备安全附件、安全保护装置、附属仪器仪表应按照规定进行检验(校验)	1. 查阅资料; 2. 现场检查
7	安全技术档案	特种设备使用单位应按照有关法律、法规、安全技术规范的规定,逐台建立特种设备安全技术档案。安全技术档案至少包括以下内容,其中1、2、5~9项原件或复印件应在设备使用地保存(《使用管理规则》2.5): 1. 使用登记证; 2."特种设备使用登记表"; 3. 特种设备设计、制造技术资料和文件,包括设计文件、产品质量合格证明(含合格证及其数据表、质量证明书)、安装及使用维护保养说明、监督检验证书、型式试验证书等;	查阅资料

续上表

序号	检查项目	检查内容及标准	检查方法
7	安全技术档案	4. 特种设备安装、改造和修理的方案、图样、材料质量证明书和施工质量证明文件、安装改造修理监督检验报告、验收报告等技术资料； 5. 特种设备定期自行检查记录(报告)和定期检验报告； 6. 特种设备日常使用状况记录； 7. 特种设备及其附属仪器仪表维护保养记录； 8. 特种设备安全附件和安全保护装置校验、检修、更换记录和有关报告； 9. 特种设备运行故障和事故记录及事故处理报告	查阅资料

二、锅　　炉

序号	检查项目	检查内容及标准	检查方法
1	工作记录	1. 锅炉及燃烧和辅助设备运行记录。 2. 水(介)质化验记录。 3. 交接班记录。 4. 锅炉及燃烧和辅助设备维修保养记录。 5. 锅炉及燃烧和辅助设备检查记录。 6. 锅炉运行故障及事故记录。 7. 锅炉停炉保养记录。 8. 应急演练记录	1. 查阅资料; 2. 现场检查
2	锅炉本体	1. 锅炉在规定的参数内运行。 2. 受压元件可见部位无变形、泄漏、结焦、积灰,耐火砌筑、保温层及砖墙等无破损脱落,密封良好。 3. 阀门、法兰、人孔、手孔、头孔、检查孔、汽水取样孔及管接头可见部位无腐蚀、渗漏。 4. 炉门、灰门拉杆动作灵活可靠。 5. 其他可见部位无异常	现场检查
3	安全阀	1. 安全阀应为全启式,且铅直安装在锅筒(锅壳)、集箱的最高位置,在安全阀和锅筒(锅壳)之间或者安全阀和集箱之间,不应装设有取用蒸汽或者热水的管路和阀门。	现场检查

续上表

序号	检查项目	检查内容及标准	检查方法
3	安全阀	2. 安全阀排汽管、排水管应引到安全地点,并且有足够的排放流通面积,保证排放畅通。安全阀排汽管底部应装有接到安全地点的疏水管,在疏水管上不应装设阀门;两个独立的安全阀的排汽管不应相连。安全阀排水管上不应装设阀门,并且应有防冻措施。 3. 水封装置内径符合设计要求,无堵塞现象,且有防冻措施。 4. 对安全阀排放试验周期及操作人员有明确的规定要求,并有排放试验记录。 5. 安全阀应在校验有效期内,每年至少校验1次,铅封完好。 6. 安全阀整定压力、启闭压差符合规范规定,启、回座动作灵敏可靠	现场检查
4	压力表	1. 压力表精确度应不低于2.5级。 2. 压力表的量程应为工作压力的1.5~3.0倍,最好选用2倍。 3. 压力表表盘大小保证锅炉作业人员能够清楚看到压力指示值。 4. 压力表应在校验有效期内,并且注明下次校验日期,铅封完好,刻度盘上应画出指示工作压力的红线。 5. 压力表表内无内漏,指针无跳动,封印无损坏,刻度盘清楚,压力表与存水弯间应加装三通旋塞,旋塞放水口指向安全位置。	现场检查

续上表

序号	检查项目	检查内容及标准	检查方法
4	压力表	6. 同一部件各压力表读数一致,显示清晰。 7. 压力表应按照规定定期冲洗	现场检查
5	水位表	1. 水位表应有最高、最低安全水位及正常水位标志,标志标注规范,水位显示清晰并能被作业人员正确监视。 2. 玻璃管式水位表应有防护装置,并且不应妨碍观察真实水位,玻璃管的内径应不小于 8 mm。 3. 连接管应尽可能短,如果连接管不是水平布置时,汽连管中的凝结水应能够流向水位表,水连管中的水能够自行流向锅筒(锅壳)。 4. 水位表应有放水阀门和接到安全地点的放水管。 5. 水位表的汽水阀间无锈死、渗漏。 6. 同一部件两只水位表显示水位应一致,同一水位检测系统中,一次仪表与二次仪表显示水位应一致。 7. 水位表应按照规定定期冲洗	现场检查
6	测温仪表和排污放水装置	1. 表盘式温度测量仪表的温度测量量程应根据工作温度选用,一般为工作温度的 1.5 ~2 倍。 2. 每台锅炉装设独立的排污管,排污管通畅不堵塞。排污管尽量减少弯头;排污管上应当装设 2 个串联的阀门,其中至少	现场检查

续上表

序号	检查项目	检查内容及标准	检查方法
6	测温仪表和排污放水装置	1个是快开式排污阀,安装于靠近排污管线出口一端。排污阀的公称通径为20～65 mm,卧式锅壳锅炉上的排污阀公称通径不小于40 mm。 3. 锅炉排污阀、排污管不宜采用螺纹连接。 4. 锅炉应按规定定期冲洗排污阀	现场检查
7	自动调节及保护装置	1. 高低水位报警、低水位报警联锁装置、超压报警联锁保护装置(蒸发量≥2 t/h)、超温联锁装置、自动给水调节装置(蒸发量>4 t/h)功能灵敏可靠。 2. 燃油、燃气锅炉的燃烧器应由锅炉制造单位选配,并有燃烧器型式试验证书;燃烧器应有自动控制器、安全切断阀、火焰监测装置、空气和燃料压力监测装置,燃气燃烧器还应有阀门检漏装置,各装置状况良好,联锁保护正常;燃烧器应有点火程序和熄火保护装置,燃烧器点火、熄火安全时间应满足要求。 3. 防爆门、防爆片的安装应完好,无腐蚀、渗漏,排放方向不应朝向人行通道或危及人身安全。 4. 锅炉运行中禁止关闭联锁保护装置	现场检查
8	辅机和附件	1. 省煤器安装牢固,本体无砂眼及裂纹。 2. 省煤器安全阀、压力表、阀门及旁通水路阀门安装符合要求,无泄漏。	现场检查

续上表

序号	检查项目	检查内容及标准	检查方法
8	辅机和附件	3. 鼓风机运行平稳无异响，外壳完好，调节挡板开关灵活，有开、关方向标志，且应有锁止机构。 4. 鼓风机联轴器防护罩齐全、良好。 5. 引风机选配合理，运行平稳无异响，外壳完好，调节挡板开关灵活，有开、关方向标志，且应有锁止机构。 6. 引风机轴承箱油位正常，联轴器防护罩齐全、良好。 7. 给水泵、补水泵、循环泵（备用水泵、蒸汽泵或注水器）无泄漏。 8. 给水管道向锅炉给水处必须设有切断阀及止回阀，保证其作用良好，无泄漏。切断阀必须装在锅筒与止回阀之间。 9. 热水锅炉紧急泄放阀安装应便于操作，泄放口应排向安全地点。 10. 有机热载体炉范围内管道应有保温措施，法兰连接处不应采用包覆措施。 11. 有机热载体炉膨胀器支架、烟囱、导热炉管托架不应有影响安全的腐蚀、变形和裂纹。 12. 燃油锅炉日用油箱体积不大于 1 m^3，且应单独存放。油箱应装设排气管，且通向室外，排气管上应安装阻火帽。油箱应装设排污管。 13. 非集中上煤装置的钢丝绳无抽丝、断股。上煤斗应有防脱钩装置	现场检查

续上表

序号	检查项目	检查内容及标准	检查方法
9	水质管理及水处理设备	1. 锅炉水处理(系统)设备符合有关安全技术规范、标准要求。 2. 水质化验设备(器具)、药品、试剂及工作标准、程序符合有关规定。 3. 锅炉水质化验每班至少1次,并有记录。汽水质量异常应尽快查明原因,立即采取措施,不能恢复时停止运行,并有记录	现场检查
10	安全防护及警示标志	1. 生产现场、设备危险区域、部位按规定要求设有安全防护设施和装置。 2. 防护罩、防护屏、防护网、防护栏、作业平台、扶梯等符合规范要求。 3. 安全警示标志和警示用语规范、整洁、醒目。 4. 按要求配备相应的消防器材	现场检查

三、固定式压力容器

序号	检查项目	检查内容及标准	检查方法
1	工作记录	1. 交接班记录。 2. 设备运行记录、维护保养记录。(《固容规》7.2.1(5)) 3. 设备月度、年度定期检查记录和故障检修记录。 4. 应急演练记录	1. 查阅资料; 2. 现场检查
2	压力容器本体	1. 压力容器铭牌符合规定。(《固容规》7.2.2.1(1)) 2. 压力容器的本体、接口(阀门、管路)部位、焊接接头等主要受压原件无裂纹、过热、变形、泄漏、机械接触损伤等。(《固容规》7.2.2.1(2)) 3. 运行期间工作压力、介质温度或壁温不超过规定值,液位无异常,无过量充装现象。 4. 表面无严重腐蚀,无异常结霜、结露。 5. 检漏孔、信号孔无漏液、漏气。 6. 隔(绝)热层无破损、脱落、潮湿、跑冷。 7. 支承或支座无损坏,基础无下沉、倾斜、开裂,紧固螺栓齐全完好。	现场检查

续上表

序号	检查项目	检查内容及标准	检查方法
2	压力容器本体	8. 受压元件连接处、受压元件可见部位、钢架等无损坏。 9. 排污、疏水装置完好。 10. 压力容器与相邻管道和构件无异常振动、响声和相互摩擦。 11. 超过设计使用年限、安全状况等级4、5级的压力容器是否满足安全使用管理的规定	现场检查
3	安全阀、爆破片及安全联锁装置	1. 安全阀应铅直安装在压力容器或者与压力容器连接的管道上。 2. 压力容器与安全阀之间的连接管和管件截面积不小于压力容器安全阀进口截面积。 3. 安全阀应在校验有效期内使用，每年至少校验1次，并保持铅封完好。爆破片不超过规定使用期限，无泄漏。 4. 盛装贵重介质（如氟利昂）的压力容器，安全阀与排放口之间的截止阀应处于全开位置，且铅封完好，无泄漏。（《固容规》7.2.3.1.1(4)） 5. 采用爆破片与安全阀组合结构时应符合GB 150的有关规定。凡串联在组合结构中的爆破片，在动作时不允许产生碎片。 6. 快开门压力容器安全联锁装置完好，功能符合要求。（《固容规》7.2.3.3）	现场检查

续上表

序号	检查项目	检查内容及标准	检查方法
4	压力表	1. 设计压力小于1.6 MPa压力容器压力表精确度应不低于2.5级。设计压力大于等于1.6 MPa压力容器压力表精确度应不低于1.6级。 2. 压力表的量程应为最大允许工作压力的1.5~3.0倍。 3. 压力表表盘直径应不小于100 mm。 4. 压力表应在校验有效期内,铅封完好,刻度盘上应画出指示工作压力的警示红线。 5. 压力表与压力容器之间应装设三通旋塞或针形阀,三通旋塞或针形阀的开启标记清晰、锁紧装置完好。(《固容规》7.2.3.4.1) 6. 用于蒸汽介质的压力表,在压力表和压力容器之间应装有存水弯管	现场检查
5	液位计	1. 液位计最高、最低安全液位应做出明显标志。 2. 储存0 ℃以下介质的压力容器应选用防霜液位计。 3. 液位平稳,指示清晰、正确,无假液位。 4. 用于液化气体、易爆或高度以上毒性介质的压力容器上的液位计,有防止泄漏的保护装置	现场检查

续上表

序号	检查项目	检查内容及标准	检查方法
6	测温仪表	1. 在规定的检定、检修期限内使用。 2. 仪表和防护装置无破损	现场检查
7	阀门管道	1. 各类阀门的规格型号、设置、安装符合技术规范要求,作用良好,无泄漏。 2. 排放装置(疏水、排污)应通向安全地点,作用良好,无泄漏,并采取有效的防冻措施,按规定定期排污。 3. 各管道保温层应完好无破损,管道无跑、冒、滴、漏现象	现场检查
8	装卸装置	与移动式压力容器进行装卸作业的: 1. 压力容器与装卸管道、软管连接可靠。 2. 有防止装卸管道、软管拉脱的联锁保护装置。 3. 装卸软管每年进行 1 次耐压试验,试验结果有记录	现场检查
9	安全防护及警示标志	1. 照明、通风设施齐全,工作场地光线充足,通风良好。 2. 生产现场、设备危险区域、部位按规定要求设有安全防护设施和装置。 3. 防护罩、防护屏、防护网、防护栏、作业平台、扶梯等符合规范要求。 4. 安全警示标志和警示用语规范、整洁、醒目。 5. 按要求配备相应的消防器材	现场检查

四、移动式压力容器

序号	检查项目	检查内容及标准	检查方法
1	工作记录	1. 交接班记录。 2. 设备运行记录。 3. 设备定期检查和故障检修记录。 4. 应急演练记录	1. 查阅资料； 2. 现场检查
2	压力容器本体	1. 移动式压力容器的表面涂装、标志、介质名称、铭牌及必要的警示标志应符合有关规定。 2. 罐体保温层、真空绝热层应完好，外表无严重腐蚀，无异常结冰、结霜、结露。 3. 罐体各密封面无泄漏；罐体表面、接口部位焊缝无裂纹、腐蚀、划痕、凹坑、泄漏、损伤等缺陷；罐体无鼓包、变形、裂缝。 4. 随车配备的应急处理器材、防护用品及专用工具、备品配件齐全，完好有效。 5. 充装量不得超过核准的最大允许充装量。 6. 罐体与底盘连接牢固，紧固连接螺栓无腐蚀、松动、弯曲变形，螺母、垫片齐全完好。 7. 罐体支座与底盘之间连接缓冲胶垫、垫木无错位、变形、老化现象。	现场检查

续上表

序号	检查项目	检查内容及标准	检查方法
2	压力容器本体	8. 拉紧带无锈蚀、开裂,罐体与底架拉紧带连接牢固可靠。 9. 罐体管路、阀门和车辆底盘之间的静电导线连接牢固可靠,接地导线和导静电带阻值与截面积应符合要求。 10. 紧急切断阀及相关的操作阀门处于闭止状态。 11. 充装介质与铭牌和使用登记资料相符,罐体工作压力、工作温度符合规定,充装量不超过核准的最大容许充装量	现场检查
3	安全阀及爆破片	1. 安全阀应有防止外部杂质、液体进入和渗透的装置。 2. 采用全启式弹簧安全阀,铅直安装在罐体液面以上的气相部分,或装设在罐体气相空间相连的管路上。安全阀应在校验有效期内,铅封完好。 3. 爆破片装置完好无泄漏	现场检查
4	压力表	1. 应当选用抗震压力表,精确度应不低于1.6 级。 2. 压力表的量程应为最大允许工作压力的1.5~3.0 倍。 3. 压力表表盘直径应不小于100 mm。 4. 应在校验有效期内,铅封完好,刻度盘上应画出指示工作压力的红线。	现场检查

续上表

序号	检查项目	检查内容及标准	检查方法
4	压力表	5. 压力表与压力容器之间应装设三通旋塞或针形阀,三通旋塞或针形阀的开启标记清晰、锁紧装置完好。 6. 压力表的安装应采用可靠的固定结构,防止运输途中压力表发生相对运动	现场检查
5	液位计	1. 液位计应便于观察和操作,其允许的最高安全液位应有明显标志。 2. 充装易燃、易爆介质罐体上的液位计,应设置防止泄漏的密封式保护装置。 3. 灵敏准确,结构牢固,精度等级不得低于2.5级	现场检查
6	紧急切断装置	1. 工作灵活,性能可靠;不得采用铸铁或非金属材料的紧急切断装置。 2. 紧急切断装置应具有能够提供独立的开启或者闭止切断阀瓣的动力源装置,且完好有效。 3. 充装易燃、易爆或中度及以上毒性介质的,罐体的液相和气相接口处应各装设一套紧急切断阀	现场检查
7	测温仪表	1. 测温仪表应在规定的检定、检修期限内使用。 2. 仪表与防护装置无破损。 3. 测量范围应与充装介质的工作温度相适应	现场检查

续上表

序号	检查项目	检查内容及标准	检查方法
8	导静电装置	1. 充装易燃、易爆介质的移动式压力容器(铁路罐车除外),必须装设可靠的导静电装置。 2. 停车和装卸作业时,必须接地良好,严禁使用铁链、铁线替代接地装置。 3. 罐体至接地导线末端之间的电阻值符合规定	现场检查
9	装卸阀门与软管	1. 不得采用铸铁或非金属材料的阀门。手动阀门全开、全闭操作自如,无异常阻力和空转。 2. 装卸软管的公称压力不得小于装卸系统工作压力的 2 倍,最小爆破压力大于 4 倍公称压力。 3. 装卸软管和快接接头应能耐相应介质腐蚀,软管与接头连接应牢固可靠,外观不得有变形、破裂、老化及堵塞现象。 4. 充装单位或使用单位应每半年对装卸用管进行 1 次耐压试验,试验结果有记录,试验人员有签字。 5. 气、液相接管无裂纹、拉弯变形、过渡区严重皱褶、磨损、补焊等缺陷	现场检查

五、压力管道（工业管道）

序号	检查项目	检查内容及标准	检查方法
1	工作记录	1. 日常使用状况记录。 2. 管道安全保护装置及相关附属仪器仪表维护保养记录。 3. 应急演练记录	1. 查阅资料； 2. 现场检查
2	压力管道本体、阀门及支架	1. 管道组成件及其焊接接头等无裂纹、过热、变形、泄漏、损伤等缺陷。 2. 外表面无腐蚀，无异常结霜、结露等情况。 3. 管道无异常振动，管道与相邻构件之间无相互碰撞、摩擦等情况。 4. 管道隔热层无破损、脱落、跑冷及防腐层破损等情况。 5. 支吊架无脱落、变形、腐蚀、损坏，主要受力焊接接头无开裂。 6. 阀门表面无腐蚀，无阀体表面裂纹、严重缩孔、连接螺栓松动等情况。 7. 法兰无偏口及异常翘曲、变形、泄漏，紧固件齐全无松动、腐蚀等情况	现场检查
3	安全附件和仪表	1. 安全阀在校验有效期内，整定压力符合管道的运行要求。 2. 弹簧式安全阀调整螺钉的铅封完好。	现场检查

续上表

序号	检查项目	检查内容及标准	检查方法
3	安全附件和仪表	3. 如果安全阀和排放口之间设置了截断阀,截断阀应处于全开位置,铅封完好。 4. 安全阀无泄漏。 5. 爆破片未超过产品说明书规定的使用期限,安装方向正确,无渗漏等。 6. 阻火器装置安装方向正确,无泄漏。 7. 紧急切断阀动作正常,无泄漏。 8. 压力表选型符合要求。 9. 压力表在检定有效期内。 10. 压力表与压力容器之间应装设三通旋塞或针形阀,三通旋塞或针形阀的开启标记清晰、锁紧装置完好。 11. 用于蒸汽介质的压力表,在压力表和压力容器之间应装有存水弯管	现场检查
4	电阻值测量	输送易燃、易爆介质的管道防静电接地电阻值应不大于 100 Ω,法兰间接触电阻值应小于 0. 03 Ω	现场检查
5	其他	1. 室内燃气管道使用场所应按《城镇燃气设计规范》规定装设可燃气体浓度报警装置。 2. 室内燃气管道使用场所应配备灭火器	

六、气　　瓶

序号	检查项目	检查内容及标准	检查方法
1	工作记录	1. 气瓶充装作业 (1)充装作业有充装前后检查记录和充装记录。 (2)日常检查及维护保养记录。 (3)气瓶附件和安全保护装置校验、检修和更换记录。 (4)隐患排查处理记录。 (5)应急演练记录。 2. 气瓶租用 审核气瓶充装单位“气瓶充装许可证”、“安全生产许可证”或“燃气经营许可证”	1. 查阅资料； 2. 现场检查； 3. 如果路内没有气瓶充装企业，建议删除“1. 气瓶充装作业”
2	气瓶本体	1. 气瓶标志齐全，出厂标志和颜色标记符合规定，外观涂层完好，瓶体无严重腐蚀，无变形、异常响声、明显外观损伤。 2. 使用登记标志、检验标志环和二维码完好，定期检验符合安全技术规范和有关标准要求。 3. 气瓶附件齐全，无损坏，不超出使用年限和检验有效期。 4. 气瓶压力显示无异常。 5. 氧气及强氧化性气瓶未沾染油脂或其他易燃物	现场检查

续上表

序号	检查项目	检查内容及标准	检查方法
3	充装装置及充装作业	有充装作业及设备时： 1. 充装装置无泄漏，能有效防止气体错装。 2. 充装高低压、低温液化气体等，所采取的称重衡器的最大称量值及校验有效期符合计量规范和标准。 3. 充装前后，对气瓶逐只进行检查，填写检查记录。 4. 充装过程中，对气瓶逐只进行检查，填写充装记录。 5. 发现以下情形禁止充装：瓶内介质不能确认；瓶内无残压；附件损坏不全；超过检验期限；外观明显损伤变形腐蚀；氧化气体气瓶沾有油脂；可燃气体新气瓶或定期检验后首次充装，未经置换或抽真空处理；报废气瓶和禁用气瓶（如螺丝瓶）	1. 现场检查； 2. 如果路内没有气瓶充装企业，建议删除此项
4	气瓶存储	1. 空瓶与实瓶分开存放，并且有明显标志。 2. 实瓶气体相互接触会引起燃烧、爆炸或产生有毒有害物质的，如氧气瓶和乙炔瓶，应分室存放，并配有消防器材和防毒用具。 3. 实瓶气体易发生聚合、分解反应的，应根据气体性质，控制存放空间最高温度，限定存储数量。	现场检查

续上表

序号	检查项目	检查内容及标准	检查方法
4	气瓶存储	4. 实瓶存储较大的,制定针对性应急预案并定期演练。 5. 气瓶入库后,应将气瓶加以固定,防止气瓶倾倒。 6. 有毒、可燃气体的库房和氧气及惰性气体的库房,应设置相应气体的危险性浓度检测报警装置	现场检查
5	气瓶使用	1. 气瓶使用时应立放,并采取防倾倒措施。 2. 瓶内气体不应用尽,应留有余压。 3. 气瓶不应靠近热源,与明火和产生火花的作业保持 10 m 以上距离	现场检查
6	气瓶运输	1. 运输气瓶应整齐放置;横放时,瓶端应朝向一致;立放时妥善固定,防止气瓶倾倒。 2. 严禁抛、滑、滚、碰、撞、敲击气瓶。 3. 吊装气瓶时,严禁使用电磁起重机和金属链绳。 4. 氧气瓶、乙炔瓶等装好瓶帽、防护罩、护圈	现场检查
7	安全附件和安全保护装置	1. 瓶阀无严重变形、撞坏,瓶阀与气瓶的连接螺纹与瓶口螺纹匹配;除制造单位外,禁止对瓶阀进行修理、改造、更换。 2. 气瓶保护罩、固定式瓶帽不得由铸铁制造。	现场检查

续上表

序号	检查项目	检查内容及标准	检查方法
7	安全附件和安全保护装置	3. 气瓶爆破片、易熔合金塞等安全泄压装置有永久标志。 4. 压力表定期校验,表盘无破损。调压器状况良好,连接软管无龟裂、漏气,连接牢固	现场检查
8	其他	1. 可燃气体气瓶维护保养使用铜质工具。 2. 氧气瓶维护保养使用铜质工具,避免沾染油脂	

七、电　梯

序号	检查项目	检查内容及标准	检查方法
1	工作记录	1. 维护保养记录。 2. 故障报修和处理记录。 3. 日常检查及巡检记录。 4. 钥匙保管及领用记录。 5. 应急演练记录。 6. 人员培训记录	1. 查阅资料； 2. 现场检查
2	维修保养	1. 应与有相应资质的电梯维保单位签订维保合同,明确电梯维保单位的责任和义务。 2. 电梯维保项目和周期应符合要求,至少每 15 日维保一次,维保记录齐全、有效。 3. 电梯维保单位接到乘客被困和事故救援报警后,直辖市或者设区的市,以及铁路大中型车站不超过 30 min,其他车站不超过 60 min 赶到现场,完成救援解困。 4. 应由 2 名及以上具备相应资格的人员对电梯进行维保,并在维保记录上签字。 5. 电梯使用单位应由具备相应资格的人员对电梯维保工作跟踪确认,并在维保记录上签字。 6. 维保单位应制定合理的维保计划与方案。	1. 查阅资料； 2. 现场检查

续上表

序号	检查项目	检查内容及标准	检查方法
2	维修保养	7. 维保单位制定应急措施和救援预案，每半年至少针对本单位维保的不同类别(类型)电梯进行一次应急演练。 8. 维保单位每年度至少进行一次自行检查，并向使用单位出具有自行检查和审核人员的签字、加盖维保单位公章或者其他专用章的自行检查记录或报告	1. 查阅资料； 2. 现场检查
3	安全标志及安全检查	1. “特种设备使用标志”应置于轿厢内的显著位置，并保持其整洁、清晰。 2. 电梯使用安全注意事项和警示标志应置于乘客易于注意的显著位置，齐全、规范、有效。 3. 电梯应开展日常巡视和检查(其中，公共交通领域电梯应每日进行开启前、停运后的安全检查，使用中应定期巡查)，并做出记录。 4. 电梯钥匙与安全提示牌应由专人管理	1. 查阅资料； 2. 现场检查
4	机房	1. 机房通风良好，卫生合格，不得放置无关物品。备有灭火器并在有效期内。有固定照明和电源插座。 2. 每台电梯应当单独装设主开关，在断开位置时能锁住。主开关不得切断轿厢照明和通风、机房(机器设备间)照明和电源插座、轿顶与底坑的电源插座、电梯井道照明、报警装置的供电电路。	现场检查

续上表

序号	检查项目	检查内容及标准	检查方法
4	机房	3. 应有发生困人故障时的救援步骤、方法和轿厢移动装置使用的详细说明。 4. 制动器手动松闸扳手应漆成红色，盘车轮应漆成黄色，可拆卸的盘车手轮应挂在机房内容易接近的墙上。在电动机或盘车轮上应有与轿厢升降方向相对应的标志。 5. 曳引轮、飞轮、限速器轮外侧面应漆成黄色。 6. 制动器动作灵活，制动时制动闸瓦紧密、均匀地贴合在制动轮上，运行时无摩擦，制动闸瓦及制动轮工作面上无油污。 7. 驱动主机工作时无异常噪声和振动。曳引轮轮槽不得有缺损或者不正常磨损。 8. 曳引钢丝绳通向井道的孔洞四周应筑有高 50 mm 以上的台阶。 9. 机房应有轿厢平层示意图，曳引钢丝绳应标识平层标志。平层示意图应与曳引钢丝绳平层标志相对应。 10. 通往机房的通道应当设置永久性电气照明，机房应通风，机房宜有保障机房温度、湿度的设施，温度应在 5 ~40 ℃之间。 11. 旋转部位应加装防护装置。 12. 进入电梯机房的通道必须畅通，通道门应向外开启，通道门安装带钥匙的锁，在内部能够不使用钥匙开门。机房不得堆放任何与电梯无关的杂物。	现场检查

续上表

序号	检查项目	检查内容及标准	检查方法
4	机房	13. 电梯机房门及门锁应完好，且门外应贴有标识。 14. 机房的窗户及其他开孔，应有防止人员由此进入机房内的措施。 15. 电梯机房内不应漏雨，不应设置汽、水供暖设施，不应设置对电梯电子线路产生干扰的无线电发射及接收装置。 16. 机房应设置方便联系的五方对讲系统，实现与轿厢、轿顶、底坑、值班室的五方联系	现场检查
5	钢丝绳	1. 钢丝绳无笼状畸变、绳股挤出、扭结、压扁、弯折，无严重锈蚀。 2. 钢丝绳直径小于其公称直径的 90%。 3. 钢丝绳一个捻距内的断丝数不得超出 TSG T7001 规定	现场检查
6	限速器	1. 标牌应标明限速器及电气保护开关工作速度、动作速度、制造单位等内容。限速器轮上标有上下行箭头。 2. 限速器运转应平稳、动作速度整定封记应完好无拆动痕迹，限速器安装位置正确、底座牢固。 3. 封记移动或动作出现异常的限速器及使用周期达到 2 年时，应进行限速器动作速度校验。使用年限超过 15 年的限速器每年进行一次限速器动作速度校验	现场检查

续上表

序号	检查项目	检查内容及标准	检查方法
7	轿厢与对重	1. 轿厢内应有标明额定载重量、人数、制造单位的铭牌。 2. 轿厢内操纵按钮完整无破损，信号显示清晰，控制功能正确有效。 3. 轿厢内紧急报警装置应能保证随时与电梯使用单位24 h值班人员实现有效联系，轿厢内照明、通风良好，应设置应急照明设备、视频监控装置。 4. 轿厢平层符合规定，轿厢地坎下应当装设护脚板，其垂直部分的高度不小于0.75 m，宽度不小于层站入口宽度。 5. 超载保护装置功能良好。 6. 电梯作业人员应熟练掌握紧急报警装置的使用方法。 7. 对重应有重量和数量的标志，底坑对重运行区域、相邻电梯运行部位按照规定设置隔障	现场检查
8	层门、轿门与运行	1. 层门地坎与轿门地坎的水平距离不大于35 mm。 2. 呼梯、楼层显示等信号系统功能有效，指示正确。 3. 轿门应有防止门夹人的安全触板或光幕等保护装置，且功能有效。 4. 层门、轿门运行不应卡阻、脱轨或在行程终端时错位。	现场检查

续上表

序号	检查项目	检查内容及标准	检查方法
8	层门、轿门与运行	5. 消防开关应设在基站或撤离层，防护玻璃应完好，并标有“消防”字样。 6. 电梯层门、轿门应完好，开关平稳自如。门的各方向间隙符合要求。 7. 电梯的启动和制动应平稳、无滑溜、无冲击。 8. 电梯运行时应无异响和异常气味。 9. 门扇之间及门扇和立柱、门楣和地坎之间的间隙，乘客电梯不大于 6 mm，载货电梯不大于 8 mm，使用过程中由于磨损，允许达到 10 mm。 10. 层门和轿门采用玻璃门时，应当有防止儿童的手被拖曳的措施。 11. 门联锁安全装置功能良好	现场检查
9	底坑与井道	1. 底坑缓冲器、限速器胀紧开关状况良好。 2. 底坑不积水，排水孔不堵塞，排水装置良好。 3. 底坑未装设与电梯无关的设备、电缆，无其他杂物。 4. 井道照明、急停开关、上下端轿厢运行限位开关和极限开关状况良好	现场检查
10	其他	连通进站检票口内候车区域与站台的垂直乘客电梯，要安装门禁装置	

八、自动扶梯和自动人行道

序号	检查项目	检查内容及标准	检查方法
1	工作记录	1. 电梯维修保养记录(含故障处理记录)。 2. 日常检查及巡检记录。 3. 电梯钥匙保管及领用记录。 4. 应急演练记录。 5. 人员培训记录	1. 查阅资料; 2. 现场检查
2	维修保养	1. 应与有相应资质的电梯维保单位签订维保合同,明确电梯维保单位的责任和义务。 2. 电梯维保项目和周期应符合要求,至少每 15 日维保一次,维保记录齐全、有效。 3. 电梯维保单位接到乘客被困和事故救援报警后,直辖市或者设区的市及铁路大中型车站不超过 30 min,其他车站不超过 60 min 赶到现场,完成救援解困。 4. 应由 2 名及以上具备相应资格的人员对电梯进行维保,并在维保记录上签字。 5. 电梯使用单位应由具备相应资格的人员对电梯维保工作跟踪确认,并在维保记录上签字。	1. 查阅资料; 2. 现场检查

续上表

序号	检查项目	检查内容及标准	检查方法
2	维修保养	6. 维保单位应制定合理的维保计划与方案。 7. 维保单位制定应急措施和救援预案，每半年至少针对本单位维保的不同类别（类型）电梯进行一次应急演练。 8. 维保单位每年度至少进行一次自行检查，并向使用单位出具有自行检查和审核人员的签字、加盖维保单位公章或者其他专用章的自行检查记录或报告	1. 查阅资料； 2. 现场检查
3	安全标志及安全检查	1. 自动扶梯或自动人行道使用标志应置于出入口的明显位置，使用标志应在有效期范围内。 2. 使用安全注意事项和警示标志应置于乘客易于注意的显著位置，各类安全警示标志应齐全、规范，至少应包括“小孩必须拉住”“宠物必须抱着”“握住扶手带”“禁止使用非专用手推车”，且标志最小直径为 80 mm。 3. 应开展日常巡视和检查（其中，客运车站电梯应每日进行开启前、停运后的安全检查，使用中应定期巡查），并做出记录。 4. 电梯钥匙与安全提示牌应由专人管理	现场检查
4	相邻区域	1. 在自动扶梯或自动人行道的出入口应有充分畅通的区域以容纳乘客。该畅通区的宽度至少等于扶手带外缘距离加上每边各 80 mm，其纵深尺寸至少为 2.5 m。	现场检查

续上表

序号	检查项目	检查内容及标准	检查方法
4	相邻区域	2. 自动扶梯和自动人行道与障碍物间距离不足 400 mm 的，应设立垂直防护挡板。 3. 扶手带外缘与墙壁或其他障碍物之间的水平距离在任何情况下均不得小于 80 mm。 4. 当自动扶梯或者自动人行道与墙相邻，并且外盖板的宽度大于 125 mm 时，在上、下端部应当安装阻挡装置以防止人员进入外盖板区域。外盖板区域存在攀爬可能的应按规定设防爬装置	现场检查
5	扶手装置和围裙板	1. 扶手装置应没有任何部位可供人员站立。扶手带表面无毛刺，无机械损伤，出入口处居中，运行平稳无摩擦，无明显温升，速度不得低于梯级或踏板的运行速度。 2. 围裙板应是坚固、平滑，且是对接缝	现场检查
6	安全装置和安全设施	1. 在扶手带入口处应设置手指和手的保护装置，该装置动作时，自动扶梯或自动人行道应停止运行。 2. 梳齿板应完整无破损，梳齿板保护开关动作正常。 3. 自动扶梯或倾斜式自动人行道应在梯级、踏板或胶带改变规定运行方向时，自动停止运行。 4. 梯级或踏板与梳齿板的啮合深度不小于 4 mm，梯级下陷保护开关动作正常。	现场检查

续上表

序号	检查项目	检查内容及标准	检查方法
6	安全装置和安全设施	5. 上下基坑盖板应固定良好，盖板缺失保护开关作用良好、可靠。 6. 防逆转保护装置、扶手带入口、梯级缺失、主驱动链断链、裙板、梯级链胀紧等其他保护开关动作正常，作用良好。 7. 防爬、防夹、防滑行等保护装置齐全、良好；上下端两侧安全阻拦装置设置规范。 8. 梯级运行中与两侧裙板的间隙不大于4 mm，两侧间隙之和不大于7 mm。 9. 车站等公共交通领域自动扶梯应有附加制动器，且可靠、有效。 10. 客运自动扶梯提升高度12 m及以上的应采取必要安全措施。（《铁路旅客车站设计规范》TB 10100）	现场检查
7	急停与视频监控	1. 客运自动扶梯紧急制动按钮应方便、可靠，应采用按钮凹陷等防误碰措施；规范设置安全标识，标识图示、尺寸、粘贴位置符合规定。 2. 客运自动扶梯出入口处要具备自动感应语音提示功能，播报安全乘梯事项。 3. 客运自动扶梯视频监控要覆盖电梯出入口	现场检查
8	运行状态	1. 自动扶梯或自动人行道的运行应平稳，无异响。	现场检查

续上表

序号	检查项目	检查内容及标准	检查方法
8	运行状态	2. 自动扶梯或自动人行道的制动应平稳,制动距离应符合标准要求。 3. 基坑内应设集水井,并安装机械排水或自动排水装置,无积水、渗水。基坑水位保护开关作用良好	现场检查

九、起重机械

序号	检查项目	检查内容及标准	检查方法
1	工作记录	1. 交接班及运行记录。 2. 日常使用状况、运行故障和事故记录。 3. 日常维护保养和自行检查记录。 4. 吊具、索具台账,检查及定期探伤记录。 5. 应急演练记录	1. 查阅资料; 2. 现场检查
2	安全标志及外观	1. 有清晰的制造商名称、额定起重量标志。 2. 吊索具应有标明额定起重量、编号等内容的标识牌。可分吊具应永久性标明其自重和能起吊物品的最大质量。 3. 吊钩、台车、扫轨板、夹轨器,流动类回转尾部等主要危险部位应设有符合要求的安全标志和危险图形符号。 4. 各部件外观整洁,无积尘、油污和杂物,无锈蚀、脱漆,整机各部润滑良好。 5. 司机室、通道、平台、直梯、斜梯、护栏等设施完好,栏杆下部应有踢脚板。倾斜角超过75°的斜梯、高度2 m以上的钢直梯应装设护圈。 6. 司机室应视野良好,灭火器、绝缘地板、电铃及司机室外音响信号必备设施齐全,门锁可靠	现场检查

续上表

序号	检查项目	检查内容及标准	检查方法
3	轨道和金属结构	1. 大车轨道的固定螺栓和压板应齐全,压板固定牢固,垫片不得窜动。 2. 大小车沿轨道全长运行应无啃轨现象。 3. 起重机两轨道接头位置沿轨道纵向应相互错开。 4. 主要受力结构件的连接焊缝无明显可见的裂纹,螺栓和销轴等连接无明显松动、缺件、损坏等缺陷。(TSG Q7015—2016 C3)	现场检查
4	主要零部件	1. 钢丝绳应有产品合格证,钢丝绳、环链端部固定应规范、牢固、可靠,并应润滑良好,不应与金属结构摩擦,不应有扭结、压扁、弯折、断股、笼状畸变、断芯等变形现象,达到 GB/T 5972 报废标准应报废。 2. 吊钩吊具零部件应齐全完好,表面无裂纹,磨损、变形不应超限,吊钩不应当焊补,防脱钩装置完好,达到 GB/T 10051.3 报废标准应报废。 3. 集装箱吊具转锁装置安全联锁、伸缩装置安全联锁、伸缩止挡及其限位有效。(TSG Q7015—2016 C5.2.2) 4. 制动器的零部件不应有裂纹、过度磨损、塑性变形、缺件等缺陷,制动器调整适宜,制动平稳可靠。 5. 卷筒、滑轮无裂纹,磨损不超限,否则应报废。 6. 室外作业起重机械风速仪应性能良好	现场检查

续上表

序号	检查项目	检查内容及标准	检查方法
5	电气装置	1. 起重机的司机室、通道、电气室、机房应有合适的照明,当动力电源切断时照明电源不能失电。 2. 固定式照明装置的电源电压应小于或者等于220 V,严禁用金属结构做照明线路的回路。可移动式照明装置的电源电压应小于或等于36 V。 3. 起重机必须设置紧急停止开关,在紧急情况下,应能停止所有运动的驱动机构。紧急断电开关不能自动复位,且应设在司机操作方便的位置	现场检查
6	安全装置	1. 起重机总电源开关状态在司机室内应有明显的信号指示。 2. 起升机构应设起升高度限位器,功能有效,非传动式起升高度限位器的,必须加装两种不同形式的限位器。 3. 起重量限制器和力矩限制器功能有效。 4. 大、小车运行机构应设行程限位器(电动葫芦单梁的小车和手动起重机运行机构除外),功能有效。 5. 机构运转正常,制动装置完好有效,操纵系统、电气控制系统工作正常。 6. 利用支腿支承或者履带支承进行作业的起重机,应装设水平仪且功能完好。(TSG Q7015—2016 C5.2.1)	现场检查

续上表

序号	检查项目	检查内容及标准	检查方法
6	安全装置	7. 施工升降机防坠安全器或者限速器在校验有效期内(1 年),安全保护装置、电气联锁装置功能良好。(TSG Q7015—2016 C5.26)	现场检查
7	防护装置	1. 露天工作的起重机应装设夹轨钳、锚定装置或铁鞋等防风装置。其零件无缺损,独立工作分别有效。 2. 大、小车运行机构及其轨道端部应分别设缓冲器和端部止挡,端部止挡应固定牢靠,两边应同时接触缓冲器。 3. 进入起重机的门和司机室通往桥架的门设有电气联锁保护装置,当任何一个门打开时,起重机所有的机构应均不能工作。 4. 电气保护功能可靠、有效,零位保护、失压保护和过流保护等作用良好;接地、接零和防雷保护装置完好,接地电阻符合规定。 5. 在同一运行轨道上的多台起重机,应设置防碰撞装置。 6. 流动式起重机应安装声光报警装置,倒退运行时应能发出声光报警。 7. 气动、液压系统的管路等装置无泄漏。 8. 作业人员或吊具易触及滑线的部位,应安装导电滑线防护板。	现场检查

续上表

序号	检查项目	检查内容及标准	检查方法
7	防护装置	9. 对采用钢丝绳变幅的流动式起重机，应设幅度限位装置和防止起重臂后倾装置。 10. 起重机上外露的有伤人可能的活动零部件均应装设防护罩。露天作业的起重机电气设备应装设防雨罩	现场检查
8	运行状态	1. 起重机各机构的调速均应平滑无冲击，停车制动应平稳可靠。 2. 起重机大小车走行机构的运行应平稳，无严重跑偏啃道现象。 3. 起重机各机构运行时均应无异常音响、无异常温升、无严重漏油	现场检查

十、厂内专用机动车辆

序号	检查项目	检查内容及标准	检查方法
1	工作记录	1. 交接班及运行记录。 2. 日常使用状况、运行故障和事故记录。 3. 日常维护保养和自行检查记录。 4. 应急演练记录	1. 查阅资料； 2. 现场检查
2	安全标志及外观	1. 使用标志、铭牌（名称、型号、额定起重量等）、安全标志（“禁止站在货叉上”、“禁止站在货叉下”和“扣紧安全带”等）、载荷曲线图置于显著位置，车辆牌照应按规定置挂。改造后应有原铭牌和新铭牌。 2. 车辆有驾驶室的应有后视镜，能保证驾驶员看清车身左右外侧及车后 50 m 以内的交通情况。 3. 车辆各种仪表指示清晰、灵敏有效，电气线路无漏电，管路无漏油、漏水，液压部件无漏油，油缸无明显内泄。 4. 蓄电池箱、燃油箱托架的安装应牢固，无腐蚀、变形现象。 5. 防爆功能的叉车在显著位置应有永久性 Ex 标志和使用说明牌。 6. 装载运输易燃易爆、剧毒等危险品的车辆或行驶于危险场所的车辆，必须符合相应特殊安全要求	现场检查

续上表

序号	检查项目	检查内容及标准	检查方法
3	动力系统	1. 发动机性能良好,运转平稳,没有异响,能正常启动、熄火。 2. 无漏油、漏水、漏气、漏电现象	现场检查
4	音响灯光电气	1. 车辆应安装扬声器和倒车蜂鸣器,且应灵敏有效。 2. 必须设置前照灯、转向灯、制动灯及仪表,工作正常。 3. 蓄电池车辆总电源应设有非自动复位且能切断所有驱动部件电源的紧急断电装置。 4. 各种电气设备的熔丝禁止加粗或以其他金属代替	现场检查
5	安全保护和防护装置	1. 额定起重量不大于 10 t 的平衡重式叉车应配备安全带。额定起重量大于 10 t 的平衡重式叉车后方应设置视频监控装置。 2. 叉车门架应设有防越程装置。 3. 应当设有下降限速装置、门架前倾自锁装置和防止爆管装置。 4. 应当设置防止货叉意外侧向滑移和脱落的装置。 5. 前挡风玻璃应设置雨刮器	
6	传动、行驶系	1. 方向盘自由转动量不大于 30°。	现场检查

续上表

序号	检查项目	检查内容及标准	检查方法
6	传动、行驶系	2. 离合器应接合平稳，分离彻底，工作时不得有异响、抖动和不正常打滑现象。换挡时齿轮啮合灵便，互锁和自锁装置有效，不得有乱挡和跳挡现象。运行中无异响。换挡时变速杆不得与其他部件干涉。 3. 液压传动车辆必须处于空挡位置时，而静压传动车辆只有处于制动状态时，才能启动发动机。 4. 车架和前后桥不得有变形、裂纹，前后桥与车架的连接应紧固。 5. 轮胎胎面不得因局部磨损超限。胎面和胎壁上不得有长度超过 25 mm 破裂和割伤。 6. 同一轴上的轮胎型号和花纹应相同，轮胎型号应符合机动车出厂时的规定。轮胎充气应符合有关规定，轮胎螺母和半轴螺母应完整齐全，并按规定力矩紧固	现场检查
7	制动、转向系	1. 车辆必须设置行车制动和驻车制动装置，且功能有效，驻车制动器必须是机械式。 2. 蓄电池车辆的制动联锁装置应齐全、可靠，制动时联锁开关必须切断行车电动机的电源。	现场检查

续上表

序号	检查项目	检查内容及标准	检查方法
7	制动、转向系	3. 制动时无跑偏现象。行车制动距离和坡道驻车制动符合按照 GB/T 18849 进行试验的标准。 4. 转向机构不得缺油、漏油，转向应轻便灵活，行驶中不得有轻飘、摆振、抖动、阻滞及跑偏现象，转向轮转向后应能自动回正	现场检查
8	专用机械	1. 货叉、叉架及结构件（门架、扩顶架、臂架、支撑台架）应完整，无裂纹，无变形，磨损不超限，连接配合良好。 2. 货叉在叉架上的固定必须可靠，货叉不得有裂纹。 3. 液压系统管路必须畅通，密封良好，与其他机件不磨不碰。安全阀动作灵敏可靠，功能元件齐全有效	现场检查
9	安全使用	1. 不允许自行加装改造。 2. 不允许自行更换发动机、车架底盘。 3. 不允许自行调换车辆牌照	现场检查